の心得

マジックショーをやるための3か条

1 メインのマジックを決める!
まずは、やってみたいマジックを決めましょう。
決めたら、何度かやってみて、そのマジックの特徴を考えます。

2 マジックの相性を考える!
メインのマジックに、どのマジックを組み合わせたらよいか、考えましょう。46ページのように、基本設定から考えたり、使う道具から考えたりする方法があります。

3 しっかり練習!
本番で失敗しないようにするためには、何度も練習することが大切!
一つ一つのマジックをマスターしたら、続けておこなうくふうをかんがえましょう。

> しっかり練習して自信がついたら、まずは家族の前でやってみよう。うまくできたら、本番もバッチリだ!

楽しい学校マジック①

著　庄司タカヒト

小峰書店

楽しい学校マジック ①  もくじ

1. **奇妙な520円！**……………4
   - テクニックレベル………★★☆
   - パフォーマンスレベル…★★☆

2. **カウントダウンで、カード当て！**…………8
   - テクニックレベル………★★☆
   - パフォーマンスレベル…★★☆

3. **クレヨンの色当て**…………12
   - テクニックレベル………★☆☆
   - パフォーマンスレベル…★☆☆

4. **朝日トランプ**…………16
   - テクニックレベル………★★★
   - パフォーマンスレベル…★★★

ワンランクアップテクニック　カードマジック　プロのテクニック編…………20

5 サイコロの透視術 …………22
テクニックレベル………★☆☆
パフォーマンスレベル…★★☆

6 消えるストロー …………26
テクニックレベル………★★★
パフォーマンスレベル…★★☆

7 あなたの星座当てます！…………30
テクニックレベル………★★☆
パフォーマンスレベル…★★☆

8 あやとりマジック …………34
テクニックレベル………★★☆
パフォーマンスレベル…★★☆

9 好きなものがピタリと当たる！…………40
テクニックレベル………★★★
パフォーマンスレベル…★★★

自分だけのマジックショーを作ろう！…………46

ポイント2 マジックのやり方がわかる！
写真で手順をしめしています。写真は演じる側から見たものです。

> マジックのいちばん重要なポイントがわかる！

> 演じるときに気をつけること！

ポイント3 マジックショーのアドバイスも！
紹介しているマジックを組み合わせて、自分だけのマジックショーもできます。

> マジックを組み合わせるコツがわかる！

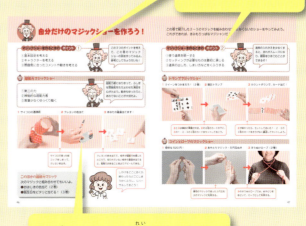

> マジックショーの例もバッチリ！

1 奇妙な520円！

▶消えた10円のなぞは、次のページでたしかめよう。

このマジックの **ポイント** は…
大切なのは、始める前の準備！
コインにしかけあり。

両面テープ

> 用意するもの
- 硬貨…500円玉1枚、10円玉2枚、5円玉1枚、1円玉5枚
- 両面テープ（少し厚めのテープ、うすい場合は重ねる）

> 準備
① 500円玉の裏に両面テープをはる。
② 5円玉と1円玉5枚を左手にかくしておく。

> マジックのやり方

1 520円を観客に見せてから、500円玉の裏に10円玉を重ねていきます。

両面テープ

「ここに520円あります。」

> ポイント
このとき、10円玉1枚を500円玉にはりつける。

2 そのまま左手のこぶしの中に入れます。

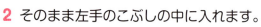

「左手に入れますよ。」

> ポイント
左手の中には、手前から、5円玉と1円玉5枚が入っている。そのおくに520円を入れる。

3 500円ととると言いながら、指先で、500円玉をとり出します。

4 20円と観客が答えたら、次に10円をとると言い、10円玉をとり出します。

5 10円と観客が答えたら、さらに5円をとると言い、5円玉をとり出します。

6 観客が5円と答えたら、最後に、1円玉をとり出します。

7 観客が何と答えても、左手を広げて、中の4円を見せて終わります。

成功させるには…
リズムを変えずに、一気にやろう！

観客から何か言われても、クイズを出しているような感じで、最後まで自分のペースでやりぬこう。

2 カウントダウンで、カード当て！

▶やり方をマスターして、きみもかっこよくきめてみよう。

このマジックの **ポイント** は…

カードを **ひっくり返す**！そのタイミングをわすれないこと。

用意するもの
- トランプ1組

準備
- あらかじめ、同じマークのA・2・3のカードをいちばん下にセットしておく。

ポイント
ほかのカードと、向きを逆にセットする。

マジックのやり方

1 A・2・3のカードが見つからないように気をつけて、1枚とってもらいます。

始める前にまぜると、より効果的だよ。まぜ方は、20ページを見よう！

ここに、A・2・3のカードがある

好きなカードを1枚とってください。

2 みんながカードを覚えている間に、机の下でカード全体をひっくり返し、きちんとそろえます。

カードをひっくり返す

いちばん上に3のカードがくるよ。

3 相手からカードを受けとって、左手に持ったカードにさしこみ、覚えたカードを教えてもらいます。

4 いよいよ、カウントダウンです。スリーと言って、上のカードをめくって、胸のあたりで見せます。つづいて、ツー、ワンと見せていきます。

5 カードを裏向きにおき、右手で広げながらくずしていくと、真ん中あたりで、カードが表向きであらわれます。

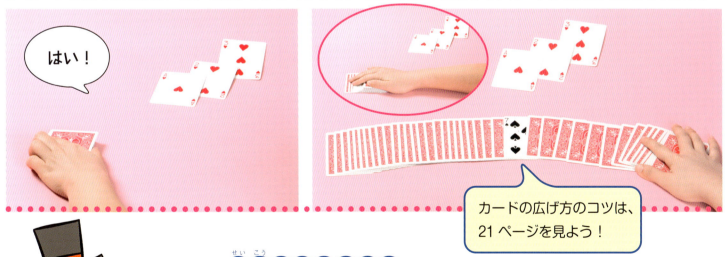

カードの広げ方のコツは、21ページを見よう！

成功させるには…

堂々とやろう！

カウントダウンのところは、スリー・ツー・ワンのカードに注目を集めれば、左手のカードには気づかれないのでだいじょうぶ！

3 クレヨンの色当て

▶さわるだけで色をピタリと当てるそのわけを、次のページでたしかめよう。

このマジックの **ポイント** は…
つめにクレヨンの色をつけていることが気づかれないようにすること！

用意するもの

● クレヨン
（つめにかけるものを6色くらい。色は少ないほうがよい。）

マジックのやり方

1 クレヨンを観客にわたしたら後ろを向いて、中から1本選んで、出してもらいます。

客

「この中から好きな色を選んでください。」

客「はい！じゃあ…これ！」

2 後ろに手を出し、選んだクレヨンを手のひらにのせてもらいます。

「手のひらにのせてください。」

客「はい！」

14

3 手は後ろのまま体を前に向けて、左手で右手親指のつめにクレヨンをつけます。

何色かなー。さわると色がわかることもあるし…。

ポイント
つめにかくときは、色がはっきりわかるようにしっかりぬろう。

4 右手をかざして相手の考えている色を読みとるふりをします。その動作で、つめの色をたしかめます。

色をたしかめる

手をかざすと見えてきたりもするんですよ。

5 たしかめたらかざした手を後ろにもどし、こすって、クレヨンを落とします。

6 両手は後ろのまま、観客側に向き直り、何色か言い当てて、クレヨンを出します。

わかりました！

緑ですね！

成功させるには…

見ないで当てているようにみせる、演技力！

しかけが気づかれなければ、2〜3回つづけてやれるよ。

4 朝日トランプ

▶カードが上がってきたそのひみつは、次のページでたしかめられるよ。

このマジックの **ポイント** は…
「7」と「8」に意識を向けさせて、すべて同じだと思いこませるんです！

用意するもの
- トランプ1組

準備
- 7と8のカード（全部で8枚）をすべてぬき出し、色と数字がたがいちがいになるようにセットして、いちばん上にのせる。

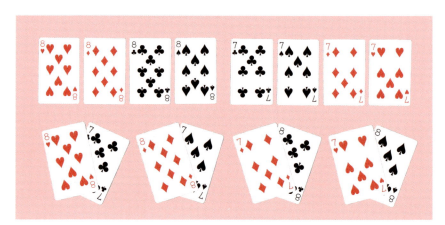

ポイント
数字と色がたがいちがい

上にのせる

マジックのやり方

1 カードをまぜます。

しかけをくずさずにカードをまぜるテクニックは20ページを見よう。

表向きにまぜる

2 上の2枚のカード（♥の8と♣の7）を堂々と見せます。

「2枚のカードがありますね。」

「7と8、よく覚えておいてください。」

3 上の2枚のカードを別々のところに入れてしまいます。

「カードを別々のところに入れます。」

上から見たところ

4 おまじないをかけます。

「おまじないをかけると、7と8が上に上がってきます。」

5 上の2枚をいっしょにひっくり返し、出てきたカード（◆の8と♠の7）を見せます。

最初とちがうカードだけど、堂々と見せれば、相手は意外と気づかないよ。
3〜5をあと2回やろう。

「はい、この通り！」

使用した7と8のカードは、別々のところにまぎれこんでいるので、証拠隠滅というわけだよ。

6 最後は表向きに広げて、しかけがないことを見せて終わります。

「タネもしかけもありませんよ。」

成功させるには…
カードは、必ず**2枚いっしょに**出そう！

1枚ずつ出すと、ちがうカードであることが気づかれやすくなるよ。あとは堂々とやること！

ワンランクアップ テクニック カードマジック プロのテクニック編

カードシャッフル
セットしたカードをくずさずシャッフルするテクニック

◆ **まずは全体のシャッフルのテクニック**

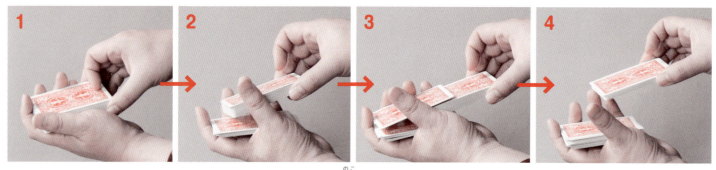

1 写真のようにカードを持ち、**2** 左手にカードを少し残して、右手に持ったカードを持ち上げ、**3** 左手で上のカードを少しおさえて残し、**4** 右手で持ったカードをその上へ。これをくり返します。

♥ **セットした部分をくずさないでシャッフルするテクニック**

1 セットした部分が下にくるように、全体をひっくり返し表向きでシャッフルします。

2 セットした部分より上のカードを、とり上げます。下はセット部分より多めに残します。

3 上の3と同じように、上のカードを少し残し、右手で持ったカードをその上へおきます。

4 あとはふつうのシャッフルをつづけます。

5 演技のときは、全体をひっくり返して裏向きにもどします。

> 8ページの「カウントダウンで、カード当て！」では、ひっくり返さないでシャッフルしてね。

カードスプレッド　カードをきれいに広げるテクニック

コツをつかむまでは、52枚全部使わないで、30枚くらいで練習しよう。

注意！
プラスチックのトランプではうまくいきません。紙のトランプで、紙質のよいもの（コーティングしてあるもの）を使いましょう。

♣ コツをつかむための初歩的練習

ポイント　力を均等に加えるようにすると、うまくいくよ！

1　カード1枚を横向きにおきます。

2　その上に手をおいて、人さし指と中指をのばしてのせ、手のひらに力を入れながら、右に動かします。

3　均等に開くことができるようになるまで、練習しましょう。

♠ 実践編

ポイント　人さし指を、引っかけないように注意！

1　少しななめにくずしておきます。

2　人さし指が横の部分にふれるように、右手を写真のようにかけます。

3　手のひらに力を加えながら、右に動かします。

きれいにできた！

波形にも挑戦しよう！

手のひらの力を最後までぬかないようにすることが、ポイントだよ。

＊カード1枚を横向きにする練習法は、プロマジシャンの、ふじいあきら氏のアイデアです。

5 サイコロの透視術

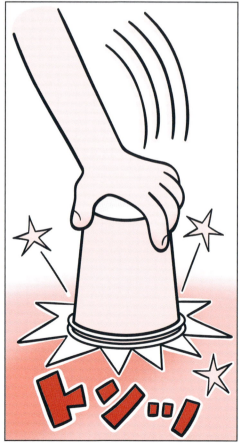

▶次のページで、「望遠鏡」のからくりをたしかめよう。

このマジックの **ポイント** は…
紙コップにあけた穴から本当に見ていること。だから、堂々と演じて！

用意するもの
- 大きめのサイコロ1つ
- 紙コップ2つ
- カッターナイフ
- 軍手

のりづけラインをあわせるのは、四角い穴の位置を覚えておくためだよ。

準備
①紙コップののりづけラインのすぐ横に約1cm角の四角い穴を作る。
②もう1つの紙コップの底をくりぬく。
③四角い穴をあけたコップに、底なしのコップを重ねる。

① 底から2cmくらい / のりづけライン

②

③ **ポイント** のりづけラインをあわせて重ねる。

マジックのやり方

1 コップの中を見せた後、中にサイコロを入れて手でふたをしてふります。

コップの中にサイコロを入れて、よーくふります。 入れる

手でふたをしてふる

24

2 コップの中のサイコロの目を当てることを観客に言います。

さあ、中の
サイコロの目を
当ててみましょう。

ポイント
のりづけラインが自分の
ほうにくるようにする。

ポイント
手前に引いて、サイコロ
がコップのおくの側面に
ふれるようにしておく。

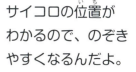
サイコロの位置が
わかるので、のぞき
やすくなるんだよ。

3 このままでは見えづらいことを告げ、かぶせてある底なしコップをとり、望遠鏡をのぞくように目に当てて見せます。

この紙コップの
望遠鏡を使って
みましょう。

本当に見えているから、
堂々と演技ができるよ。

「5」がよーく
見えます。

4 底なしコップを重ねてコップを持ち上げ、サイコロの目が当たっていることを見せます。

ちゃんと
見えましたよ、
ほら!!

成功させるには…

穴は必ず自分のほうに向けよう！

サイコロだけでなく、色ちがいの消しゴムやおはじきなどで色を当てるマジックにしてもいいよ。やり方はいっしょだよ。

6 消えるストロー

▶次のページでやり方をマスターして、きみもトライしてみよう。

このマジックの **ポイント** は…
手の角度や動かし方、体の向きが大切！
鏡（かがみ）の前で、しっかり練習しよう。

用意するもの
● 6〜8cmに切ったストロー

ストローの長さは、右下の写真のようにやってみて、自分でやりやすい長さを見つけてね。

マジックのやり方

ストローを出す

1　ストローを写真のように持ち、手を水平にして、見えないようにします。

次のマジックは、あっという間ですよ。

裏側（うらがわ）は…

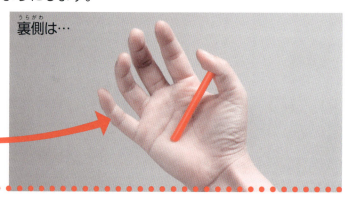

2　軽くにぎって、中指を使って、はねあげます。

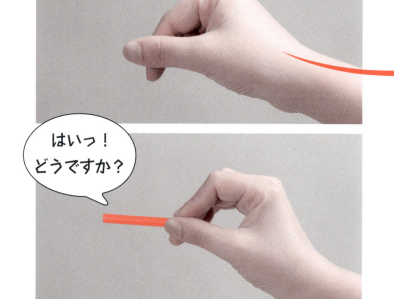

はいっ！どうですか？

裏側（うらがわ）は…

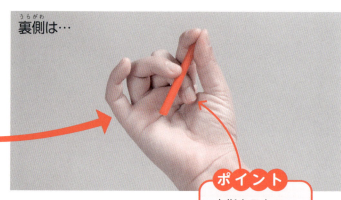

ポイント
中指をストローの下に入れる。

あわててやらなくても、だいじょうぶだよ。

ストローを消す

1 両手で、写真のように持ちます。

「次、いきまーす！」

裏側は…

2 左手におしこむように見せます。

裏側は…

3 両手を開きます。

ポイント
左手を開いてから、両手を開いてもよい。

裏側は…

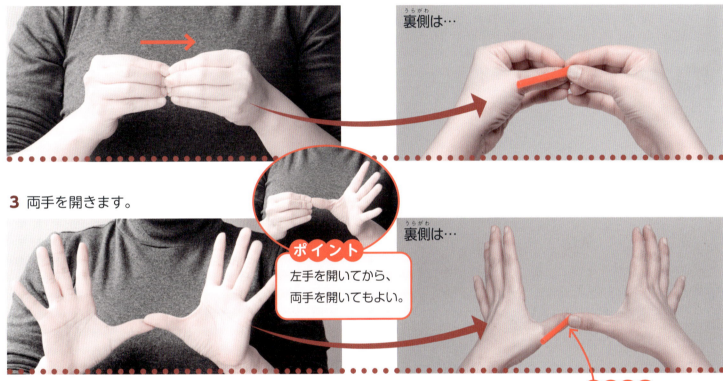

ポイント
左手の親指の後ろに、親指と親指ではさむ。

4 最後は、とり出して終えます。

演技時間は、1秒ぐらいでオーケーだよ。

成功させるには…
テンポが重要！
メリハリをつけて、スピーディーにやろう！

7 あなたの星座当てます！

▶ピタリと当たったそのおどろきのわけとは？ 次のページを見てね。

このマジックの **ポイント** は…
手でやぶいた4辺ギザギザの紙に自分の星座を書いてもらうこと。

用意するもの
- 白い紙（Ａ４のコピー用紙など）1枚
- えんぴつ

マジックのやり方

1 白い紙を折りながら、手でやぶいていきます。

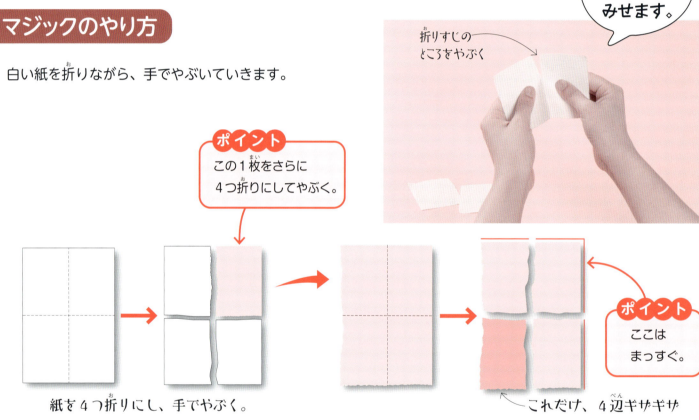

ポイント この1枚をさらに4つ折りにしてやぶく。

紙を4つ折りにし、手でやぶく。

ポイント ここはまっすぐ。

これだけ、4辺ギザギザ

2 4辺すべてギザギザの紙に、星座を書いてもらいます。

3 書いたら、小さくたたむように言います。

4 残りの3枚をわたし、ちがう星座を書いて、同じようにたたんで、まぜてもらいます。

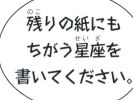

> ポイント
> 星座をたしかめているふりをして、4辺ギザギザの紙をさがす。

5 1枚ずつたたんだ紙を開いていき、紙をならべていきます。

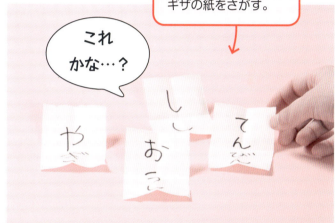

6 4辺ともギザギザの紙を指さして、言いあてます。

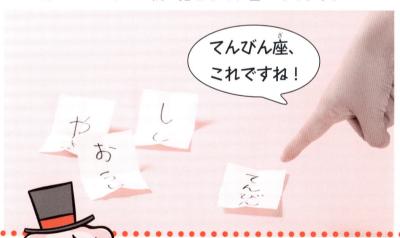

> やってみよう！
> 好きな動物、好きな教科、血液型などでもできるよ。やってみてね。

成功させるには…
星座をたしかめているような演技力が必要！
紙のまわりにばかり、気をとられないことが大切だよ。

8 あやとりマジック

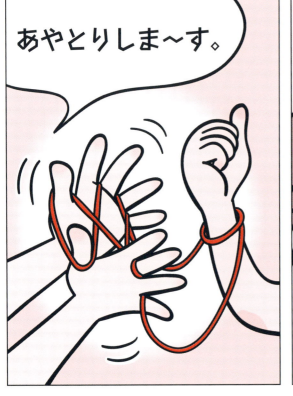

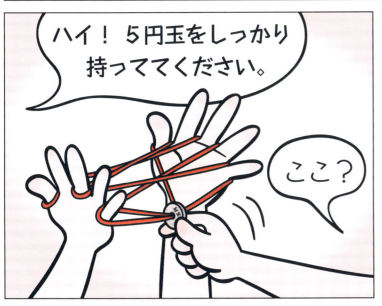

▶やり方をマスターすればきみもできるよ。次のページを見てね。

このマジックの **ポイント** は…
順番をまちがえないこと！
1つまちがえただけで、失敗するよ。

用意するもの
- あやとりひも（毛糸などでもよい）
- 5円玉

あやとりひもの長さは、120cmくらいあればいいよ。

マジックのやり方

腕ぬき

1 相手に手を出してもらい、ひもをかけます。右手で持って、手首にもう1回、回しかけます。

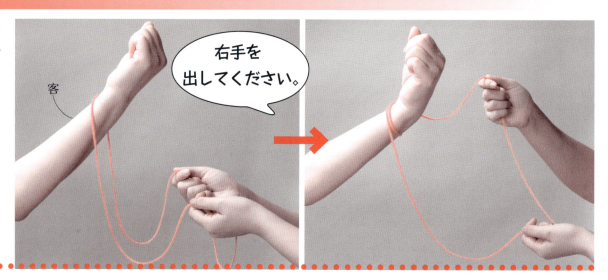

客

右手を出してください。

2 自分の両手の親指と小指にひもをかけます。

3 右手中指で、左手の手のひらにあるひもをかけて引きます。

ポイント
必ず右手からにすること！

あやとりをしま〜す。

右手中指

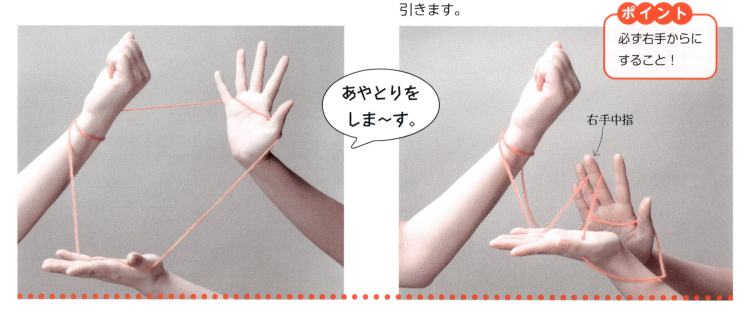

4 左手中指で、右手の手のひらにあるひもをかけて引きます。

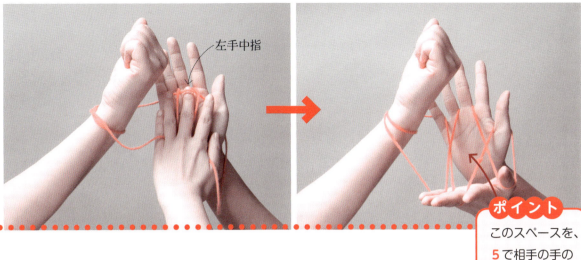

ポイント
このスペースを、5で相手の手の上からかぶせる。

5 真ん中にできたスペースを、相手の手に上からかぶせます。

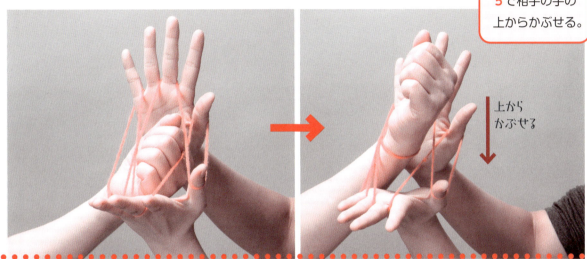

上からかぶせる

6 左手をひもからはずし、右手でひもを引くと、ひもがするりと相手の腕からぬけます。

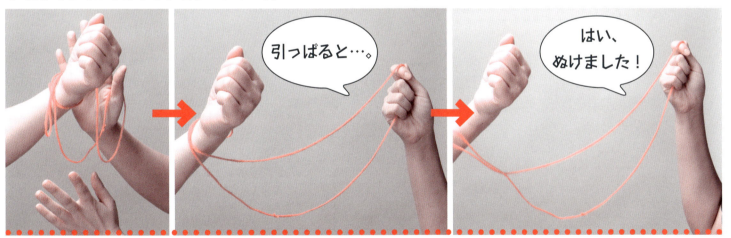

引っぱると…。

はい、ぬけました！

成功させるには…

練習あるのみ！

練習を何度もやって、順番をしっかりマスターしよう。次は、5円玉ぬきだよ。

5円玉ぬき

1 5円玉の穴にあやとりひもを通し、写真のように親指と小指にかけます。

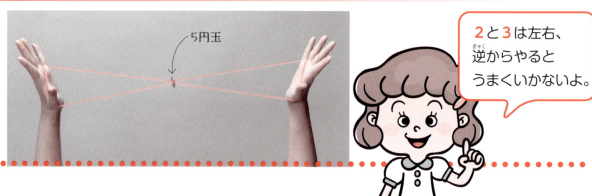

2と3は左右、逆からやるとうまくいかないよ。

2 右手中指で、左手の手のひらにあるひもをかけて引きます。

あやとりをしま～す。

3 左手中指で、右手の手のひらにあるひもをかけて引きます。

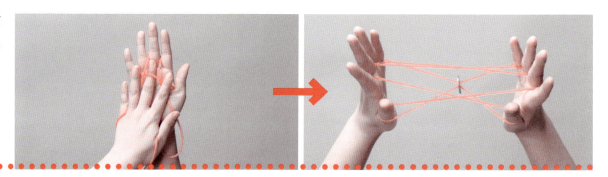

4 真ん中にぶら下がっている、5円玉だけをしっかりと持ってもらいます。

5 両手をたたいてすぐに開きます。このとき、右手は中指のひも、左手は親指のひもだけを残してあとははずし、ひもを引きます。すると、5円玉がひもからするりとぬけ出してきます。

5円玉を、しっかり持っててください。

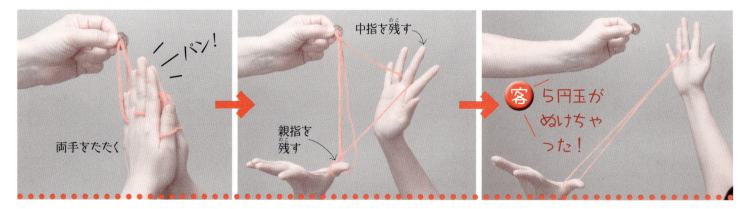

両手をたたく　パン！　中指を残す　親指を残す　客　5円玉がぬけちゃった！

みんなビックリ！　あやとりテク

たたいて ほうき！

> たたくことで、一瞬でできた感じになるんだよ。

1 ひもを両手の親指と小指にかけます。

2 右手の中指を左手側のひもにかけて、ねじるようにして2回転させて引きます。

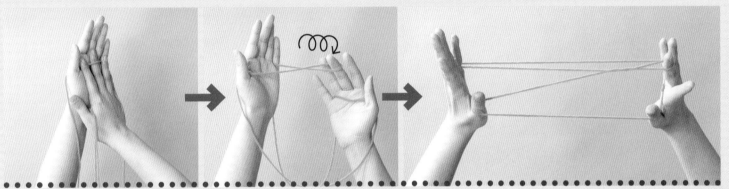

3 左手の中指で右手の中指の下のひもをすくいます。

ポイント 左はねじらず、そのまま引く。

4 両手をたたいて合わせます。

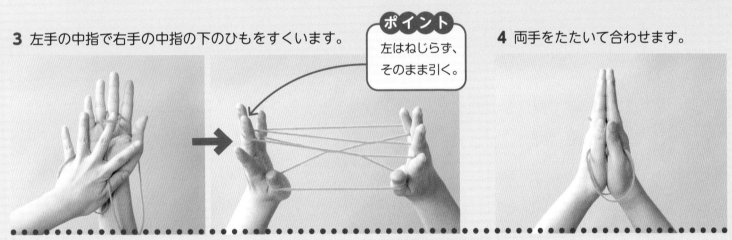

5 たたいた瞬間、右手の小指と親指にかかっているひもをはずし、ぴんと引っぱります。

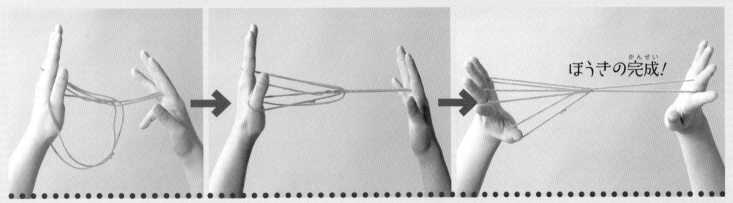

ほうきの完成！

9 好きなものがピタリと当たる！

▶どんなからくりがあるのかな？　次のページでたしかめよう。

このマジックの **ポイント** は…
質問の答えを書く順番をずらすこと！
最初に最後の答えを書くんだよ。

用意するもの
- メモ帳
- サインペン（えんぴつ）

マジックのやり方

1 観客にどんなマジックか説明してから、そばとうどんのどちらが好きか質問します。答えてもらう前に答えを書いておくと言って、紙に「ゴパン」と書きます。

「2つのうち、どっちが好きかを当てるマジックをやります。」

「そばとうどん、どっちが好き？ 聞く前に答えを書いておきますよ。」

「手元が見えないように書くことがポイントだ。」

2 書いた紙をたたんで、テーブルの上においたら、答えを聞きます。

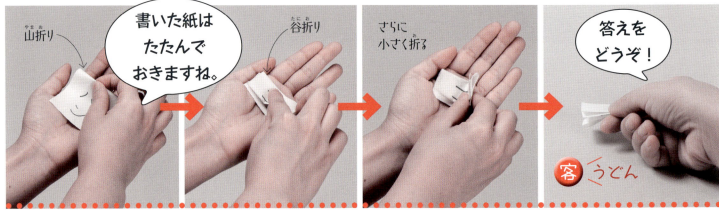

「書いた紙はたたんでおきますね。」 → 山折り／谷折り／さらに小さく折る → 「答えをどうぞ！」　客／うどん

3 次の質問では、**1** と同じように先に答えを書き始めますが、ここでは、最初に相手が答えた言葉を書きます。書いた紙を **2** と同じようにたたんで、テーブルの上においたら、答えを聞きます。

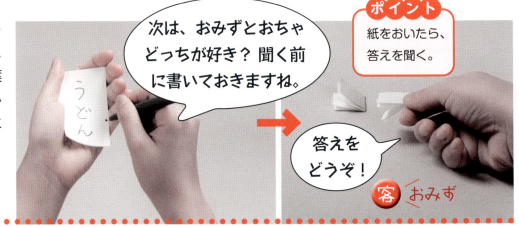

「次は、おみずとおちゃ どっちが好き？ 聞く前に書いておきますね。」

ポイント 紙をおいたら、答えを聞く。

「答えをどうぞ！」　客／おみず

4 最後の質問も、一つ前の相手の答えを書いて答えを聞きます。2と同じようにたたんで、おきます。

5 1枚拾いあげて開き、何番めの答えかたしかめます。（ここでは2番めの答え）

6 答えをたしかめたら、相手に見せ、答え合わせをします。終わったら、ポケットに入れます。

「うどん」の紙を開いた場合は、「最初の答えは何でしたか？」と聞いて、開いた紙を見せよう。

「パン」と「ゴハン」では、紙の見せ方がちがうから、気をつけてね。

7 「パン」を開くときは、「ゴパン」のゴを折り、かくして見せ、ポケットにしまいます。

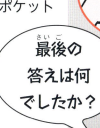

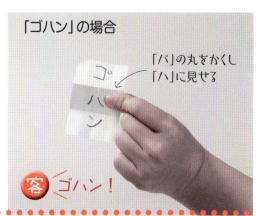

成功させるには…
「パン」と「ゴハン」をうまく見せる**演技力**！

何を書いているか、相手にわからないように演技しよう。
書く答えがズレるので、前に聞いた答えをわすれないようにしよう！

こんなマジックもできるよ！

2つの答えから選ぶ質問であれば、「ゴハン」と「パン」以外の最初の2つは別のものに変えてもいいですよ。でも、2〜3文字のものにしましょう。

例

1 りんごとみかん、どっちが好き？ → 「ゴパン」と書く。

2 にくとさかな、どっちが好き？ → 「りんご」か「みかん」相手の答えを書く。

3 ごはんとパン、どっちが好き？ → 「にく」か「さかな」相手の答えを書く。

例

1 ねこといぬ、どっちが好き？ → 「ゴパン」と書く。

2 なつとふゆ、どっちが好き？ → 「ねこ」か「いぬ」相手の答えを書く。

3 ごはんとパン、どっちが好き？ → 「なつ」か「ふゆ」相手の答えを書く。

最後の質問を「しろとくろ」のどちらかを選んでもらうというマジックもできますよ。これは、最初にあいまいな書き方をするのがポイントですぞ。

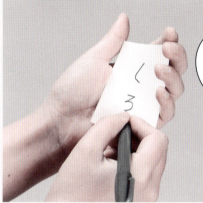

「そばとうどん どっちが好き？…書いておきますよ。」

やはり、最初に、最後の答えを書くのです。「しろ」とも「くろ」とも読めるように、ヘたくそに書くのがポイントですぞ。

「書いた紙はたたんでおきますね。」

相手の答えが、「しろ」でも「くろ」でも、堂々と紙を見せてね。

最後の質問だけ変えます。

「最後です。しろとくろ、どっちが好き？」

「はい、くろでしたね。」

やり方は、42ページと同じです。開いた紙から答えをたしかめて、相手に見せていきましょう。

見せて終わります。

ワンランクアップテクニック 折り方を変えるテク！

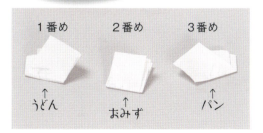

1番め　2番め　3番め
↑うどん　↑おみず　↑パン

3枚の紙の折り方を変えて、どれだかわかるようにすることもできますよ。これだと、質問の順番に開いていけますよ！

自分だけのマジックショーを作ろう！

マジックショーを作るときの ポイント ①

① 基本設定を考える
② キャラクターを考える
③ 雰囲気に合ったコメントや動きを考える

この3つのポイントを考えて、この巻のマジックショーの例を作ってみるよ。参考にしてちょうだいね！

 超能力マジックショー

① 第三の力
② 神秘的な超能力者
③ 言葉少なくゆっくり動く

超能力者になりきって、ふしぎな雰囲気をただよわせた演技を心がけよう。動きもゆったりと、あわてないことが大切だよ。

1 サイコロの透視術 → **2** クレヨンの色当て → **3** あなたの星座当てます！

サイコロで使った紙コップをしまって、クレヨンを出す。

クレヨンの色を当てて、相手が超能力を信じたところで、知られていない相手の星座を当てると、超能力があることをよりアピールできる。

このほかの超能力マジック

次のマジックと組み合わせてもいいよ。
● おはじきの色当て（2巻）
● 誕生日をピタリと当てる！（3巻）

しかけをどこにおくか、終わったらどこにしまうかくふうし、リハーサルしておこう！

この巻で紹介した2〜3のマジックを組み合わせて、5分くらいのショーをやってみよう。
これができれば、きみもりっぱなマジシャンだ！

> **マジックショーを作るときの ポイント②**
> ①使う道具を統一する
> ②セッティングが必要なものは最初に演じる
> ③道具の出し方、しまい方などをくふうする

道具の入れかえを少なくすると、流れがスムーズになり、観客をひきこむことができるぞ！

トランプマジックショー

1 クイーンをつかまえろ！（2巻） → **2 朝日トランプ** → **3 カウントダウンで、カード当て！**

2と3は事前の準備が大切。2の8枚のカードの下に、3の1・2・3の3枚のカードをセットしておこう。

2が終わったら、セットしておいた1・2・3の3枚のカードをさりげなく裏返してセットしよう。

コインとロープのマジックショー

1 奇妙な520円！

2 あやとりマジック・5円玉ぬき

3 すりぬけロープ（2巻）

最初のマジックで使った5円玉を次のマジックに利用する。

3のすりぬけロープでは、あやとりをほどいて、ロープとして利用する。

著

庄司タカヒト（しょうじたかひと）
プロマジシャン
1967年、青森県むつ市生まれ。テレビ出演や番組での有名マジシャンへのトリック提供、有名タレントへのマジックの指導からイベント・パーティー・寄席出演まで幅広く活躍中。マジック商品のクリエーターとしても著名。
著書『遊んで学べる算数マジック（全4巻）』（小峰書店）、『クロースアップマジック秘密のネタ本』（青春新書INTELLIGENCE）、『頭がよくなる1分間ふしぎマジック』（だいわ文庫）、『接客の魔法』（アスキー新書）、『孫もびっくり！ 大人のための練習いらずの簡単マジック』（あさ出版）など。

- ♥ イラスト　　　さいとうゆうこ／たなかけんじ
　　　　　　　　　つぼいひろき
- ♥ 写真撮影　　　金子渡
- ♥ 装丁・デザイン　篠原真弓

- ♠ 企画　　　　　矢吹博志（オフィスパーソナル）
　　　　　　　　　渡部のり子・西塔香絵（小峰書店）
- ♣ 編集　　　　　渡部のり子・西塔香絵（小峰書店）
　　　　　　　　　小林伸子

- ◆ 参考資料　　　『頭がよくなる1分間ふしぎマジック』（だいわ文庫）、『奇術界報623号』（日本奇術連盟機関紙）、『ケセラセラ1』『ケセラセラ2』『伝承奇術①』『伝承奇術②』（以上、株式会社フォーサイト販売）

楽しい学校マジック❶
友だちと楽しむマジック！

NDC779　47P　29×23cm

2017年4月5日　第1刷発行　　2023年11月20日　第2刷発行

- ●著者　　庄司タカヒト
- ●発行者　小峰広一郎
- ●発行所　株式会社小峰書店
　　　　　〒162-0066　東京都新宿区市谷台町4-15　　TEL03-3357-3521　FAX03-3357-1027
- ●印刷　　株式会社三秀舎
- ●製本　　株式会社松岳社

©2017 OFFICE PERSONAL Printed in Japan
https://www.komineshoten.co.jp/　ISBN 978-4-338-31201-1

乱丁・落丁本はお取り替えいたします。

本書の無断での複写（コピー）、上演、放送等の二次利用、翻案等は、著作権法上の例外を除き禁じられています。
本書の電子データ化などの無断複製は著作権法上の例外を除き禁じられています。代行業者等の第三者による本書の電子的複製も認められておりません。